뽀 포 모 포

어린이 중국어 [결합운모 편] 발음 2

신한미 지음

J PLUS

머리말

　　중국은 지난 20여년 동안 성공적으로 추진한 개혁 개방의 성과를 바탕으로 국제적 지위도 상승해 이제는 세계의 중심 국가가 되었습니다. 이런 거대한 나라를 이웃하고 있는 우리에게 중국이란 나라는 기회이자 도전이라 할 수 있습니다. 중국어는 이제 더 이상 그 중요성을 강조하지 않아도 될 만큼 우리 앞에 성큼 다가온 것입니다.

　　최근 중국어를 배우려고 하는 학습자의 연령대가 점차 낮아지고 있음을 교육현장에서 실감하고 있습니다. 처음 중국어를 접하는 많은 친구들의 발음 입문서는 무엇보다도 즐겁고 재미있게 시작하여 포기하지 않고 끝까지 할 수 있도록 도와주는 책이어야 한다고 생각합니다. 이 책은 학습자가 쉽고 재미있게 중국어 첫걸음을 떼는 데 목표를 두고 만들었습니다.

　　1권에는 기본 단운모 6개와 성모, 2권에는 결합운모와 권설운모로 나누어 발음 방법부터 단어 익히기, 말하기, 만들기, 노래부르기, 연습문제 등 다양한 방법을 통해 중국어 발음을 신나게 익힐 수 있도록 구성하였습니다.

　　모쪼록 이 교재가 처음 중국어를 시작하는 어린이들에게 좋은 길잡이 역할이 되기를 희망합니다. 끝으로 책이 나오기까지 따뜻한 격려와 용기를 아낌없이 주신 제이플러스 이기선 실장님과 교재 편집 및 디자인에 애써주신 편집부 가족들에게 감사의 마음을 전합니다. 또한 진심 어린 조언을 해 주신 李丹英(Lǐ Dānyīng)선생님, 언제나 든든한 버팀목이 되어 조력자 역할을 말없이 해주는 지인들에게 감사의 뜻을 전하며, 특히 아이디어 고민을 위해 늦은 밤까지 많은 시간을 함께 해 준 '지몽왕자'에게 무한한 사랑의 마음을 전합니다.

신 한 미

차례

이 책의 특징

1. 오감으로 체험하는 중국어 맛보기

듣고, 말하고, 읽고, 쓰기는 기본! 오감으로 체험하며 중국어와 쉽게 친해질 수 있도록 만든 발음 입문서입니다.

2. 눈높이를 맞춘 반복학습

중국어를 처음 시작하는 연령대에 맞추어 주변 사물 이름을 통해 발음을 익히고, 재미있는 삽화와 함께 중국어 단어와 문장을 여러 번 말할 수 있도록 구성하였습니다.

3. 인지 발달 특성에 맞춘 놀이식 중국어 수업

초등학교 입학 전후의 어린이들은 상상력이 풍부하고, 짧은 어휘 습득과 함께 의사소통이 왕성한 시기입니다. 이러한 발달 시기에 맞추어 놀이식 학습으로 자연스럽게 중국어를 익힐 수 있습니다.

* 아이콘 설명

단어 척척, 실력 쑥쑥
발음과 단어를 재미있는 삽화와 함께 익혀요.

함께 불러요
신나는 노래 🎤 와 챈트 🎵 를 따라 부르며 자연스럽게 익혀요.

중국어 한 마디
'중국어 한 마디'를 통해 중국어에 대한 자신감을 키워요.

연습문제
듣고, 고르고, 써 보며 재미있게 복습해요.

재미있는 만들기
오리고, 붙이고, 직접 체험하며 배워요.

QR코드로 MP3 바로 듣기
발음설명과 단어, 노래, 챈트가 모두 들어 있어요.

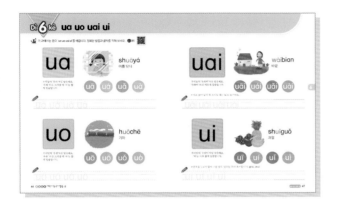

발음

발음 방법을 우리말로 쉽게 설명하여 정확하게 발음하도록 도왔으며, 병음 쓰기를 통해 중국어를 처음 배우는 어린이가 성조, 병음을 자연스럽게 익히도록 하였습니다.

단어·활동

해당 병음의 단어를 여러 개 제시하여 발음 연습은 물론 실생활에 꼭 필요한 단어를 함께 익힐 수 있습니다.

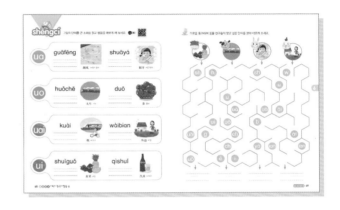

말하기·만들기

'중국어 한 마디'를 통해 단어, 발음 연습만으로는 놓치기 쉬운 중국어 문장 말하기 코너를 마련하였습니다.
해당 과의 중요 병음과 관련된 단어를 선정하여 다양한 활동을 통해 재미있는 중국어를 체험할 수 있습니다.

노래 & 챈트·연습문제

흥겨운 중국 동요도 익히고, 챈트도 따라하며 중국어와 더욱 친해질 수 있도록 하였습니다.
듣기, 쓰기, 연결하기 등 매 과 다양한 형식의 문제 풀이를 통해 쉽고 재미있게 복습할 수 있습니다.

Dì 1 kè ai ei ao ou

이 과에서는 운모 'ai ei ao ou'를 배웁니다. 정확한 발음과 글자를 익혀 보세요. 01

ai

우리말의 '아이'처럼 발음해요.

bái
희다

āi ái ǎi ài

āi ái ǎi ài

ei

우리말의 '에이'처럼 발음해요.

bēizi
물컵

ēi éi ěi èi

ēi éi ěi èi

pútao
포도

우리말의 '아오'처럼 발음해요.

āo áo ǎo ào

āo áo ǎo ào

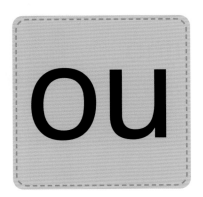

tóu
머리

우리말의 '어우'처럼 발음해요.

ōu óu ǒu òu

ōu óu ǒu òu

ai

mǎi

_____
_____

买 물건을 사다

bái

_____
_____

白 희다

ei

hēi

_____
_____

黑 검다

bēizi

_____
_____

杯子 컵, 잔

ao

hǎo

_____
_____

好 좋다

pútao

_____
_____

葡萄 포도

ou

dòu

_____
_____

豆 콩

tóu

_____
_____

头 머리

그림의 단어를 읽고 해당 운모가 들어있는 그림을 찾아 연결하세요.

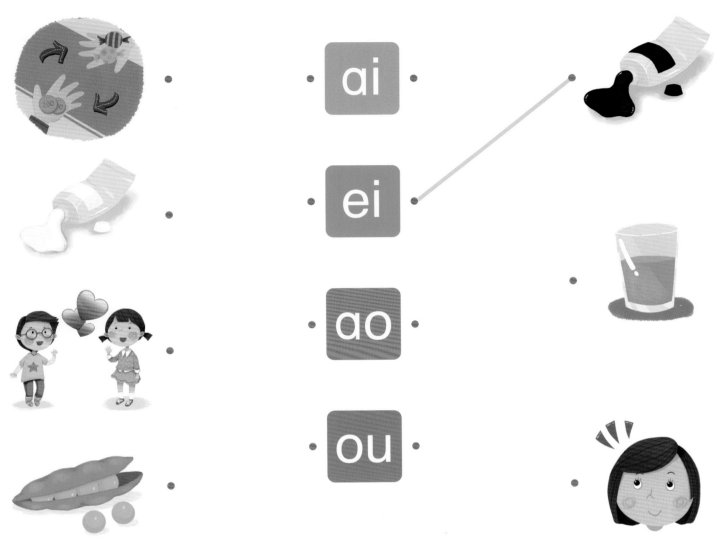

▶ 위의 단어를 읽고 1, 2, 3, 4성 중 알맞은 성조에 써 보세요.

h ēi   b   h   d

b   t   m

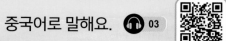

大头，大头，
Dà tóu, dà tóu,

머리가 커요, 머리가 커요.

宝宝的头真大。
bǎobao de tóu zhēn dà.

우리 아기 머리는 정말 커요.

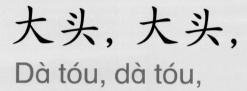
宝宝 bǎobao 아기
的 de 누구의, 무엇의
真 zhēn 정말

shǒugōng

판다를 색칠해요.

흰색 (bái) 과 검은색 (hēi) 털 옷을 입은 아주 귀여운 동물이에요.

1

xióngmāo

만드는 방법 ■ 준비물 : 가위, 색연필

① 부록에 있는 판다 그림을 오린 다음 오른쪽을 색칠하세요.

② 판다 (xióngmāo) 의 병음을 예쁘게 색칠하세요.

xióngmāo 판다

동글동글 귀여운 판다.
판다(xióngmāo)는 곰(xióng)과 고양이
(māo)가 더해졌어요. 덩치는 커다랗지만 동
글동글 귀여운 모습의 판다는 중국 사람들
이 사랑하는 동물이에요. 중국 북서부와 히
말라야 남동부의 깊은 산 속에서만 사는데,
주로 사각사각 대나무를 먹고 살아요.

chàngē

 ai ei ao ou 를 찾아 표시하면서 신나게 따라 불러요. 🎧 04

Mǎi shénme?

Bàba mǎi bēizi,

māma mǎi dòu.

Bǎobao mǎi shénme?

Wǒ mǎi pútao.

아빠는 컵을 사요.

엄마는 콩을 사요.

아가는 무엇을 살까?

난 포도를 사요.

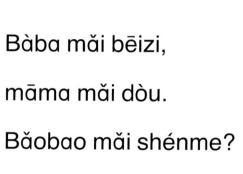

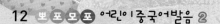

liànxí 연습문제

1 잘 듣고 알맞은 병음을 보기에서 골라 써 넣으세요. 05

ǎi   ēi   ao   óu

❶

pút ☐

❷

b ☐ zi

❸

t ☐

❹

m ☐

2 잘 듣고 맞는 그림에 동그라미 하세요. 06

❶

☐   ☐

❷

☐   ☐

3 그림에 해당하는 한어병음을 바르게 나열해 보세요.

❶

ó u t

→ _____

❷

o h ǎ

→ _____

Dì **2** kè　an en in

이 과에서는 운모 'an en in'을 배웁니다. 정확한 발음과 글자를 익혀 보세요. 07

an

우리말의 '안'처럼 발음해요.
'아안' 하고 길게 발음합니다.

màn
~~
느리다

ān án ǎn àn

en

우리말의 '(으)언'처럼 발음
해요. '엔'으로 발음하지 않
도록 주의하세요.

mén
문

ēn én ěn èn

xìn
편지

우리말의 '인'처럼 발음해요.
'이인' 하고 길게 발음합니다.

※ 'i'는 점(·)을 빼고 그 위에 성조를 표기해요.

īn ín ǐn ìn

알아보기

중국 친구들의 장난감 '콩주'

'콩주(空竹, kōngzhú)'는 중국 전통 놀이기구 중 하나로 '빈 대나무'로 만들어져 붙여진 이름이에요. 장구 모양의 나무 모양에 줄을 달아 두 팔을 뻗어 번갈아 빠르게 움직이면 '윙윙윙' 콩주 돌아가는 소리가 들려요. 친구들이 알고 있는 '요요'와 비슷하답니다.

an

màn

_____

_____

慢 느리다

fàn

_____

_____

饭 밥

lánsè

_____

_____

蓝色 파란색

bǐnggān

_____

_____

饼干 과자

en

mén

_____

_____

门 문

fēn

_____

_____

分 분

in

xìn

_____

_____

信 편지

yīn

_____

_____

阴 흐림

빈칸을 채워 단어를 완성하고 공통으로 들어가는 운모를 써 넣으세요.

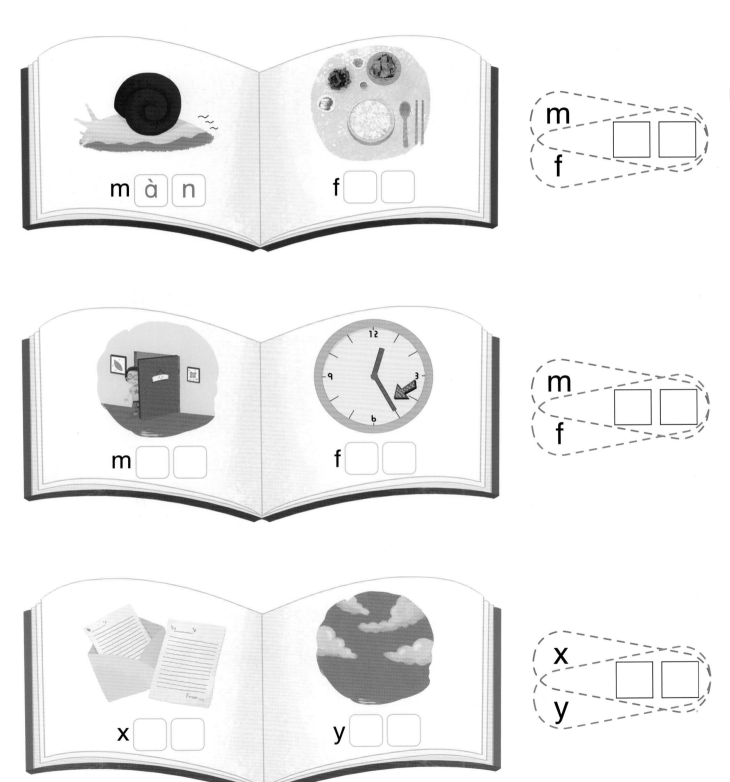

2

m à n   f ☐ ☐

m   ☐ ☐

m ☐ ☐   f ☐ ☐

m   ☐ ☐

x ☐ ☐   y ☐ ☐

x   ☐ ☐

我 飞 到 了 天 上,
Wǒ fēidàole tiānshàng,

난 하늘로 올라갔어.

天 空 好 蓝 呀 !
tiānkōng hǎo lán ya!

하늘 색깔이 정말이지 파랬어.

飞 fēi 날다	到 dào 도착하다
了 le 완료를 나타냄	天上 tiānshàng 하늘
天空 tiānkōng 하늘	好 hǎo 매우
呀 ya 감탄을 나타냄	

편지를 써요.
부록을 이용하여 편지지와 편지봉투를 만들어 보세요.

만들기
p.2-1
p.2-2

2

만드는 방법 ■ 준비물 : 가위, 풀   - - - - - - - 접는 선   ———— 오리는 선

① 부록의 봉투를 가위로 오리고, 가운데 토끼 모양은 예쁘게 칼로 오려냅니다. (선생님, 부모님의 도움을 받으세요.)

② 봉투를 뒤집어 안쪽이 보이게 한 뒤, ❶, ❷, ❸의 순서로 점선을 따라 접어 편지 봉투 모양을 만듭니다.

③ ❷의 세로 부분을 안쪽으로 얇게 풀칠해 ❶에 붙입니다.

④ 부록의 속지를 가위로 오리고, 점선을 따라 접어 편지지를 만듭니다.

⑤ 완성된 편지지 안에 '엄마, 아빠, 사랑해요!'(Bàba, māma, wǒ ài nǐ!)라고 씁니다.

⑥ 편지지를 접어 봉투에 넣고 ❸에 풀칠해 붙이면 완성!

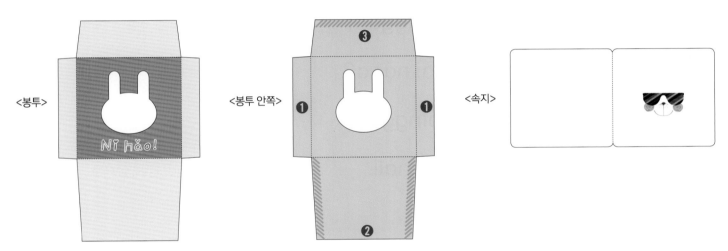

<봉투>   <봉투 안쪽>   <속지>

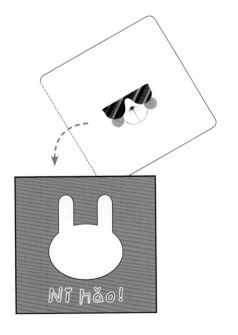

chànggē

ān 발음에 ◯ 하고, 큰 소리로 따라 불러요. 10

Bǐnggān

Xiǎopéngyou zhǎo bǐnggān,	꼬마 친구가 과자를 찾아요.
bǐnggān, bǐnggān, zài nǎr a?	과자, 과자, 어디에 있을까?
Xiǎopéngyou zhǎo bǐnggān,	꼬마 친구가 과자를 찾아요.
bǐnggān, bǐnggān, zài nàli.	과자, 과자, 저기에 있어요.

liànxī 연습문제

공부한 날   월   일

1 각각의 병음이 들어있는 그림을 골라 동그라미 하세요.

① àn

② én

③ īn

2 잘 듣고 알맞은 그림을 고르세요. 🎧 11

①

②

③

④

3 오른쪽 그림을 보고 단어를 완성한 후 맞는 것끼리 이으세요.

① x [　　　] •

② m [　　　] •

③ bǐngg [　　　] •

an en in   21

이 과에서는 운모 'ang eng ing ong'을 배웁니다. 정확한 발음과 글자를 익혀 보세요. 🎧 12

pàng
뚱뚱하다

우리말의 '앙'처럼 발음해요.
콧소리를 내며 '아앙' 하고 길게 발음합니다.

āng áng ǎng àng

lěng
춥다

우리말의 '(으)엉'처럼 발음해요.
'엥'으로 발음하지 않도록 주의하세요.

ēng éng ěng èng

xīngxing
별

우리말의 '잉'처럼 발음해요.
콧소리를 내며 '이잉' 하고 길게 발음합니다.

īng íng ǐng ìng

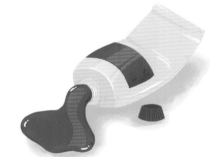

hóng
빨갛다

우리말의 '옹'처럼 발음해요.
콧소리를 내며 '오옹' 하고 길게 발음합니다.

ōng óng ǒng òng

그림의 단어를 큰 소리로 읽고 병음을 예쁘게 써 보세요. 13

ang

pàng

胖 뚱뚱하다

cháng

长 길다

eng

lěng

冷 춥다

fēngzheng

风筝 연

ing

xīngxing

星星 별

míngzi

名字 이름

ong

lóng

龙 용

hóng

红 빨갛다

그림을 잘 보고 해당하는 운모가 들어있는 단어를 찾아 빈칸에 예쁘게 써 보세요.

ang

eng

p _____   ch _____

f _____   l _____

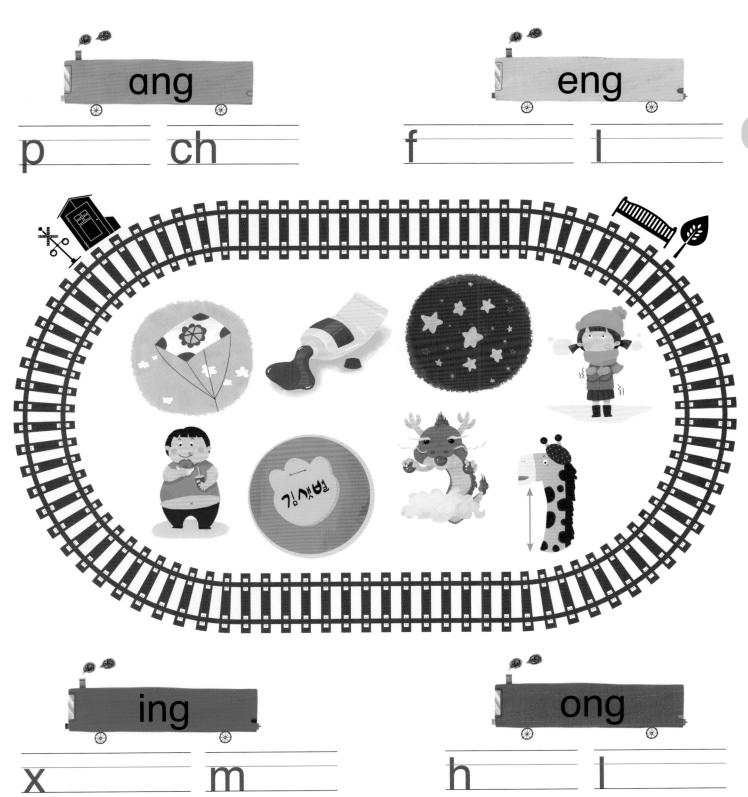

ing

ong

x _____   m _____

h _____   l _____

 **shuō** 중국어로 말해요. 14

动物们排排队。
Dòngwùmen pái páiduì.

동물들이 줄을 서요.

大象真胖，
Dàxiàng zhēn pàng,

코끼리는 너무 뚱뚱해서,

站后面。
zhàn hòumian.

맨 뒤에 선답니다.

动物 dòngwù 동물
们 men ~들
排队 páiduì 줄을 서다
大象 dàxiàng 코끼리
站 zhàn 서다
后面 hòumian 뒤, 뒤쪽

shǒu gōng 손가락 인사 놀이를 해요.

만들기
p.3

만드는 방법 ■ 준비물 : 가위, 풀, 사인펜
① 부록의 동물 중에 맘에 드는 동물을 골라 오립니다.
② 자기가 고른 동물 얼굴 밑에 이름을 중국어로 크게 씁니다. 예 고양이(xiǎomāo)
③ 손가락에 맞게 길이를 조절하고 풀칠을 합니다.
④ 동물 사진에 본인이나 친구의 사진을 붙여서 서로 인사하고 소개해 보세요.

3

Nǐ hǎo! 안녕!

풀칠하는 곳

Wǒ jiào niú.
나는 소라고 해.

풀칠하는 곳

고양이
xiǎomāo

닭 jī

소
niú

토끼
tùzi

돼지
zhū

강아지
xiǎogǒu

Jiāojiao, Ā Jiāo 쟈오 쟈오, 아 쟈오

중국인들의 이름은 한 글자가 많아요. 가족이나 서로 잘 아는 친근한 사이, 특히 어린이의 이름을 부를 때는 작고 귀여운 느낌으로 부르는 데, 다음 두 가지 방법이 있어요.

하나. 이름을 중첩해서 불러요.
둘. '아(阿)'나 '샤오우(小)'를 이름 앞에 넣어 불러요.

예를 들어 '서교(徐娇, Xú Jiāo)'는 '쟈오 쟈오(Jiāojiao)', '아 쟈오(Ā Jiāo)' 혹은 '샤오우 쟈오(Xiǎo Jiāo)'라고 부른답니다.

영화 '장강 7호', '미스터 고'의 아역 배우, 서교(徐娇, Xú Jiāo)

chàngē

코끼리 흉내를 내면서 신나게 불러요. 15

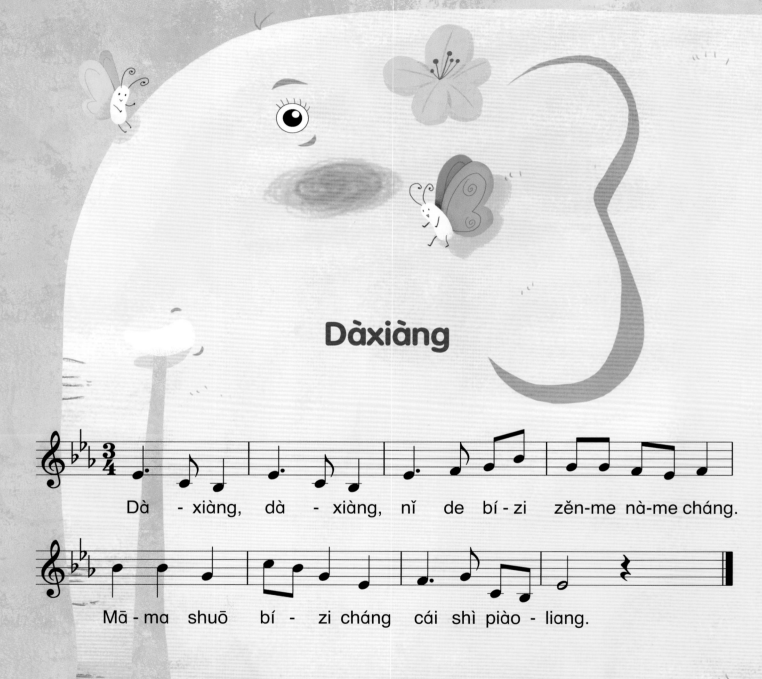

Dàxiàng

Dà - xiàng, dà - xiàng, nǐ de bí - zi zěn-me nà-me cháng.

Mā - ma shuō bí - zi cháng cái shì piào - liang.

코끼리야, 코끼리야, 너는 코가 어쩜 그렇게 기다랗니?
엄마가 말씀하셨어요. 코가 길어야 예쁘다고~

lianxi 연습문제

1 발음을 잘 듣고 맞는 그림에 동그라미 하세요. 🎧 16

①   ②   ③   ④

2 빈칸에 공통으로 들어갈 병음에 동그라미 하세요.

①
```
      p
      à
chá [  ]
```
ng / o

②
```
      h
l [  ] ng
      n
      g
```
á / ó

③
```
      l
      ě
fē [  ] zheng
```
n / ng

3 선을 따라 만나는 병음 힌트를 모아 단어를 완성하세요.

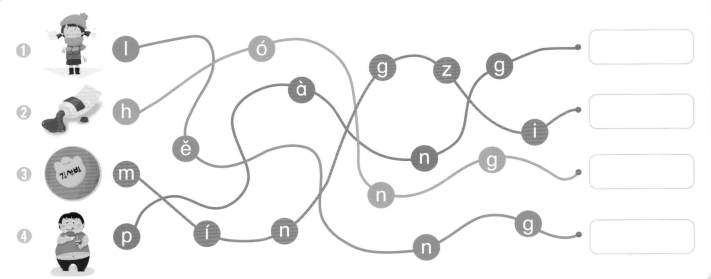

Dì 4 kè ia ie iao iu

이 과에서는 운모 'ia ie iao iu'를 배웁니다. 정확한 발음과 글자를 익혀 보세요.

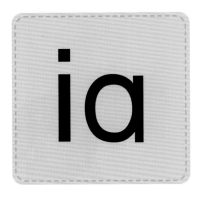

ia

우리말의 '이아'처럼 발음해요.
'이아' 하고 소리내면서 '이'는
짧게 발음합니다.

xiàtiān
여름

iā iá iǎ ià

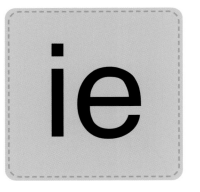

ie

우리말의 '이에'처럼 발음해요.
'이어'로 발음하지 않도록 주의
하세요.

xiézi
신발

iē ié iě iè

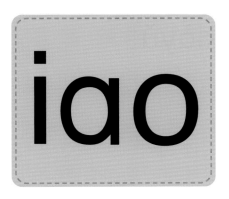

tiào
뛰다

우리말의 '이아오'처럼 발음해요.
'이아오' 하고 빠르게 발음합니다.

 ※'i, a, o' 세 개의 단운모가 이어서 나올 때, 성조 표기하는 곳을 기억하세요. 예 iǎo

iāo iáo iǎo iào

liù
숫자 6

우리말의 '이오우'처럼 발음해요.
'오'는 아주 짧게 발음합니다.

 ※단운모 'i, u'가 함께 나올 경우, 성조는 뒤에 표기합니다. 예 niú, shuǐ

iū iú iǔ iù

ia

xiàtiān
_____
_____

夏天　여름

xiàyǔ
_____
_____

下雨　비가 오다

ie

xiézi
_____
_____

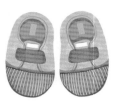

鞋子　신발

dìtiě
_____
_____

地铁　지하철

iao

xiào
_____
_____

笑　웃다

tiào
_____
_____

跳　뛰다

iu

liù
_____
_____

六　숫자 6

zúqiú
_____
_____

足球　축구

아래 4개의 운모를 각각 해당하는 색으로 칠하고 완성된 것이 무엇인지 단어를 써 보세요.

ai	ei	ai	ei	an	en	in	in
ei	ang	eng	ia	ia	ia	ia	ing
ou	ai	ao	iu	ai	ei	iu	ong
en	an	ou	iu	ao	ou	iu	ai
ou	iao	iu	ei	ong	ou	iu	an
ou	iao	eng	en	an	ie	ia	ei
in	iao	ie	ie	ie	ou	ia	en
ei	ou	ao	ou	ing	ai	ei	ing

 정답

爸爸的鞋小,
Bàba de xié xiǎo,

宝宝的鞋大。
bǎobao de xié dà.

아빠의 신발은 작고요,

아가의 신발은 커요.

小 xiǎo 작다

shǒugōng

신발 주인을 찾아요.
맘에 드는 신발을 골라 예쁘게 색칠한 후, 간판에 붙여 보세요.

만들기
p.4

만드는 방법 ■ 준비물 : 가위, 풀, 색연필

① 부록에서 맘에 드는 신발 주인과 신발을 오립니다.

② 오린 신발은 예쁘게 색칠하고 신발 주인과 함께 간판에 붙입니다.

③ 누구의 신발을 붙였는지 중국어로 말해 보세요. 예 (māma) de xiézi, (jiějie) de xiézi

4

가사에 맞추어 걷고 뛰며 신나게 따라 불러요.

Xiézi

Zǒu yi zǒu, tiào yi tiào,	걷고 걸어요, 뛰고 뛰어요,
tiào yi tiào, pǎo yi pǎo,	뛰고 뛰어요, 달리고 달려요,
xīn de xiézi hǎo lèi ya,	새 신발 정말 피곤하겠네,
xīn de xiézi hǎo lèi ya.	새 신발 정말 피곤하겠네.

1 단어를 큰 소리로 읽고, 맞는 그림을 찾아 동그라미 하세요.

❶ xiézi

❷ zúqiú

❸ xiàtiān

❹ tiào

2 잘 듣고 빠진 병음을 채워 단어를 완성하세요. 🎧 21

❶

x ☐ zi

❷

l ☐

❸

x ☐ tiān

3 그림을 보고 빈칸에 공통으로 들어갈 병음을 쓰세요.

❶
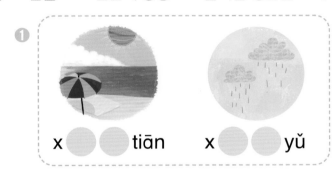
x ◯ ◯ tiān   x ◯ ◯ yǔ

_____

❷

x ◯ ◯ ◯   t ◯ ◯ ◯

_____

Dì 5 kè ian iang iong

이 과에서는 운모 'ian iang iong'을 배웁니다. 정확한 발음과 글자를 익혀 보세요. 22

ian

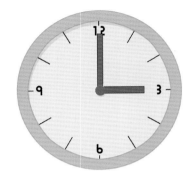

diǎn
시

우리말의 '이엔'처럼 발음해요.
'이안'으로 발음하지 않도록 주의하세요.

iān   ián   iǎn   iàn

iān ián iǎn iàn

iang

dàxiàng
코끼리

우리말의 '이앙'처럼 발음해요.
'이앙' 하고 길게 발음합니다.

iāng   iáng   iǎng   iàng

iāng iáng iǎng iàng

iong

우리말의 '이옹'처럼 발음해요.
'이옹' 하고 길게 발음합니다.

xióng

곰

 iōng ióng iǒng iòng

iōng ióng iǒng iòng

쉬 어 가 기

가위 바위 보

큰 소리로 jiǎndāo, shítou, bù(剪刀, 石头, 布) 라고 친구들이 외치면, 두 명의 친구가 두 발로 가위, 바위, 보를 해요.

jiǎndāo
(剪刀, 가위)

shítou
(石头, 바위)

bù
(布, 보)

두 발을 상하로 벌린다.

두 발을 모은다.

두 발을 양쪽으로 벌린다.

그림의 단어를 큰 소리로 읽고 병음을 예쁘게 써 보세요. 23

ian

miànbāo

面包 빵

qiānbǐ

铅笔 연필

diǎn

点 시

jiǎndāo

剪刀 가위

iang

xiàngpí

橡皮 지우개

dàxiàng

大象 코끼리

iong

xióng

熊 곰

xióngmāo

熊猫 판다

그림 단어의 병음을 칠판에서 찾아 동그라미하고 빈칸을 채우세요. ('ng'은 한 칸에 쓰세요.)

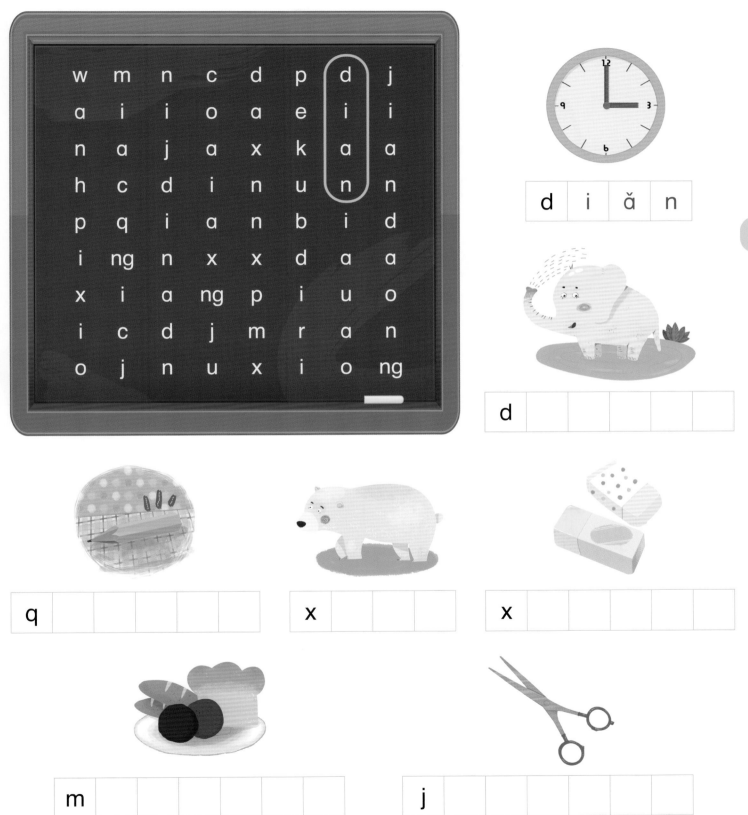

w	m	n	c	d	p	d	j
a	i	i	o	a	e	i	i
n	a	j	a	x	k	a	a
h	c	d	i	n	u	n	n
p	q	i	a	n	b	i	d
i	ng	n	x	x	d	a	a
x	i	a	ng	p	i	u	o
i	c	d	j	m	r	a	n
o	j	n	u	x	i	o	ng

d	i	ǎ	n

d					

q					

x					

x					

m					

j					

5

shuō **중국어로 말해요.** 24

铅笔画画儿,
Qiānbǐ huà huàr,

연필이 그림을 그려요.

橡皮擦擦。
xiàngpí cācā.

지우개는 닦아요.

橡皮擦擦,
Xiàngpí cācā,

지우개가 닦고 나니,

铅笔又画。
qiānbǐ yòu huà.

연필이 또 그림을 그려요.

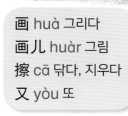

画 huà 그리다
画儿 huàr 그림
擦 cā 닦다, 지우다
又 yòu 또

shǒugōng 칠교 놀이를 해요.

| 만드는 방법 | ■ 준비물 : 가위 |

① 부록의 칠교판을 7조각으로 자릅니다.
② 만들 동물을 정하고 가위 jiǎndāo , 바위 shítou , 보 bù 를 합니다.
③ 이긴 사람이 10초 동안 동물을 만들고, 다른 친구는 10초를 거꾸로 셉니다.
④ 시간이 지나면 상대에게 기회가 넘어갑니다.
⑤ 먼저 동물을 완성하고 완성된 동물 이름을 중국어로 말하는 사람이 승리!

곰 xióng

코끼리 dàxiàng

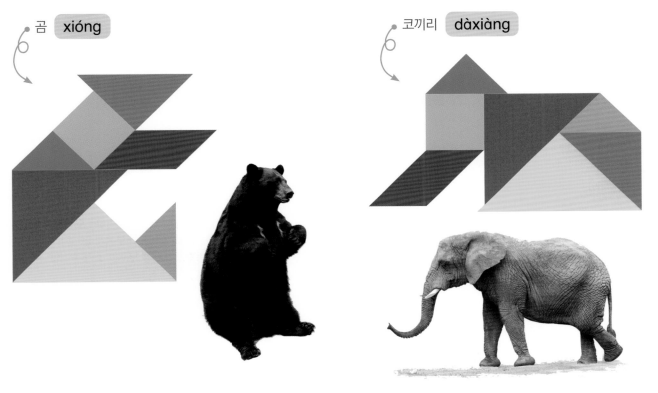

qīqiǎobǎn(七巧板) 칠교판

'칠교'는 정사각형을 7조각으로 나누어 인물, 동물, 식물 등 온갖 사물을 만들며 노는 놀이에요. 머리를 발달시키는 놀이라 하여 중국 사람들은 이것을 '지혜판'이라고 부르기도 합니다.
중국에서 처음 시작된 칠교놀이는 탱그램(Tangram)이란 이름으로 세계에 널리 퍼졌고 우리나라에도 전해졌어요.

Jǐ diǎn?

Jǐ diǎn, jǐ diǎn?　　　　　몇 시야 ? 몇 시야?

Xiànzài jǐ diǎn?　　　　　지금 몇 시야?

Shí diǎn, shí diǎn,　　　　10시야, 10시야.

xiànzài shí diǎn.　　　　　지금은 10시야.

※ 팀을 나누고, 선생님은 모형시계를 준비하여 시간을 바꿔서 노래부르게 합니다. 가장 먼저 시간을 맞추고 노래를 부르는 조가 승리합니다.

1 잘 듣고 단어를 완성한 후, 맞는 그림을 선으로 연결하세요. 🎧 26

❶ [   ] bǐ   ❷ [   ] bāo   ❸ [   ] pí   ❹ dà [   ]

2 그림을 보고 공통으로 들어가는 병음을 골라 쓰세요.

āo   iàng   ióng

❶

❷

❸

_____   _____   _____

3 그림의 단어를 큰 소리로 읽고 빈칸에 들어갈 병음을 써 넣으세요.

❶   qi [ ] nbǐ

❷   xi [ ] ngpí

❸ xióngm [ ] o

❹ d [ ] xi [ ] ng

❺   di [ ] n

❻ ji [ ] nd [ ] o

ā [ ] 개
á [ ] 개
ǎ [ ] 개
à [ ] 개

Dì 6 kè ua uo uai ui

 이 과에서는 운모 'ua uo uai ui'를 배웁니다. 정확한 발음과 글자를 익혀 보세요. 27

shuāyá
이를 닦다

우리말의 '우와'처럼 발음해요. '우와' 하고 소리낼 때 '우'는 짧게 발음합니다.

uā uá uǎ uà

huǒchē
기차

우리말의 '우워'처럼 발음해요. '우워' 하고 소리낼 때 '우'는 짧게 발음합니다.

uō uó uǒ uò

wàibian
바깥

우리말의 '우와이'처럼 발음해요.
'우와이' 하고 빠르게 발음합니다.

※성모 없이 'u'가 첫 소리일 때는 'w'로 표기해요.

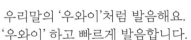

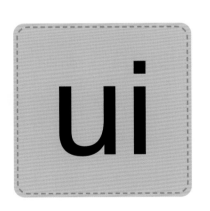

shuǐguǒ
과일

우리말의 '우웨이'처럼 발음해요.
'웨'는 아주 짧게 발음합니다.

※단모음 'i, u'가 함께 나올 경우, 성조는 뒤에 표기합니다. 예 liù, shuǐ

그림의 단어를 큰 소리로 읽고 병음을 예쁘게 써 보세요. 28

 **ua**

guāfēng

_____

_____

刮风 바람이 불다

shuāyá

_____

_____

刷牙 이를 닦다

 **uo**

huǒchē

_____

_____

火车 기차

duō

_____

_____

多 많다

 **uai**

kuài

_____

_____

快 빠르다

wàibian

_____

_____

外边 바깥

 ui

shuǐguǒ

_____

_____

水果 과일

qìshuǐ

_____

_____

汽水 사이다

미로를 통과하여 동물 친구들이 찾고 싶은 단어를 찾아 바르게 쓰세요.

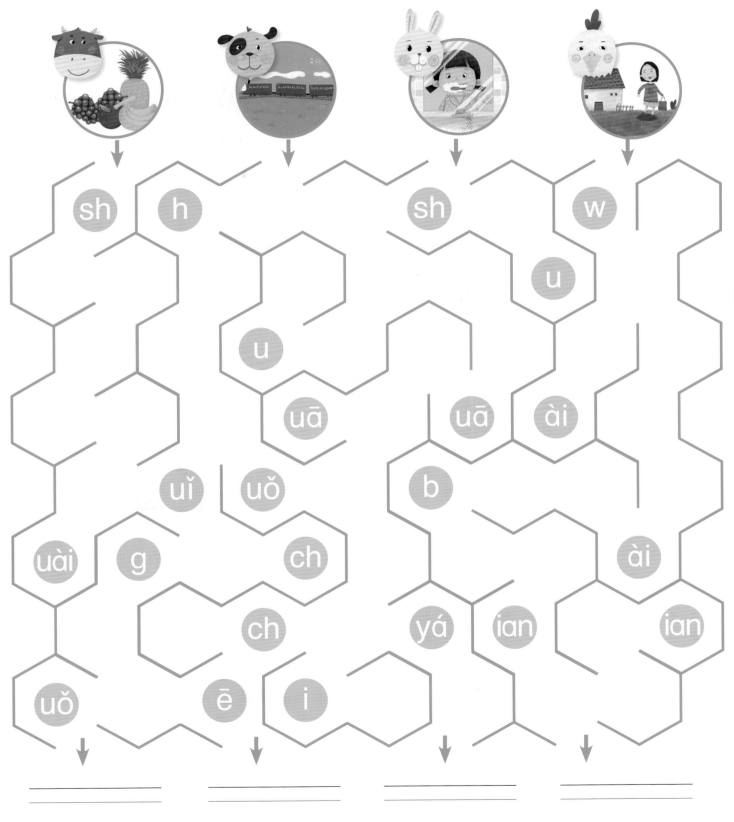

妈，出去玩儿吧！
Mā, chūqù wánr ba!

不行，不行，外边刮风。
Bù xíng, bù xíng, wàibian guāfēng.

엄마, 바깥에 나가 놀아요!

안돼요, 안돼, 바깥에 바람이 불어요.

出去 chūqù 나가다
玩儿 wánr 놀다
吧 ba 청유를 나타냄
不行 bù xíng 안 된다

shǒugōng

색칠하고 말해요.

만드는 방법 ■ 준비물 : 색연필 또는 사인펜

① 각각의 과일들을 좋아하는 색으로 자유롭게 색칠합니다.

② 짝과 함께 어떤 과일을 무슨 색으로 칠했는지 중국어로 말해 보세요. 예 (lánsè) de (píngguǒ) , (zǐsè) de (xiāngjiāo)

shuǐguǒ

bōluó

píngguǒ

pútao

xiāngjiāo*

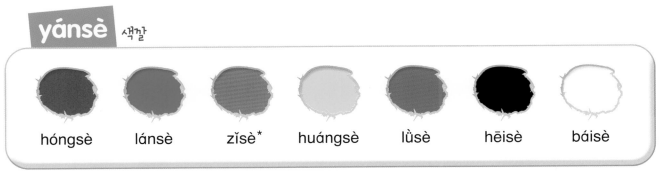

yánsè 색깔

| hóngsè | lánsè | zǐsè* | huángsè | lǜsè | hēisè | báisè |

※ 바나나는 'xiāngjiāo(香蕉)', 보라색은 'zǐsè(紫色)'라고 해요. 색깔을 말할 때는 'sè'를 붙여 말합니다.

이를 닦는 흉내를 내면서 신나게 따라 불러요. 🎧 30

Shuāyá

Bēi zi li jiē - shuǐ -, yá shuā shang jǐ - yá gāo,

shàng xià zuǒ yòu shuā yá shuā yá, shuā shuā shuāshuā, shuā shuā shuāshuā,

gū lū gū - lū, gū lū gū - lū, shuāshuā shuāshuā, gū lū gū lū,

shuāshuā shuāshuā, gū lū gū lū, zì jǐ yě néng zuò hǎo

컵에 물 받고, 칫솔에 치약 짜고,
위 아래 왼쪽 오른쪽 이를 닦아요.
치카치카 치카치카~
치카치카 치카치카~
혼자서도 잘 해요.

liànxí 연습문제

1 잘 듣고 빈칸을 채운 다음 알맞은 그림과 연결하세요. 31

uǒ   uō   uā   uǐ

① sh [   ] yá   ② h [   ] chē   ③ d [   ]   ④ qìsh [   ]

2 잘 듣고 성조를 표기하세요. 32

①  shuaya   ② huoche   ③  guafeng

3 그림에 알맞은 병음 표기를 고르고 뜻을 쓰세요.

①  | wàibian | wèibian |

②  | shǔguǒ | shuǐguǒ |

③  | duō | dōu |

④  | quài | kuài |

Dì **7** kè **uan un uang ueng**

이 과에서는 운모 'uan un uang ueng'을 배웁니다. 정확한 발음과 글자를 익혀 보세요. 33

 **uan**

 **chuán**
배

우리말의 '우완'처럼 발음해요.
'우완' 하고 짧게 발음합니다.

 uān   uán  uǎn   uàn

uān uán uǎn uàn

un

 **chūntiān**
봄

우리말의 '우원'처럼 발음해요.
'우원' 하고 짧게 발음합니다.

 ūn   ún   ǔn   ùn

ūn ún ǔn ùn

uang

chuáng
침대

우리말의 '우왕'처럼 발음해요.
'우왕' 하고 짧게 발음합니다.

uāng uáng uǎng uàng

ueng

wēng
노인

우리말의 '우웡'처럼 발음해요.
'우웡' 하고 짧게 발음합니다.

※성모 없이 'u'가 첫 소리일 때는 'w'로 표기해요.

uēng uéng uěng uèng

그림의 단어를 큰 소리로 읽고 병음을 예쁘게 써 보세요. 34

 uan

chuán
_____
_____

船 배

wān
_____
_____

弯 굽다

 un

lúnzi
_____
_____

轮子 바퀴

chūntiān
_____
_____

春天 봄

 **uang**

huángsè
_____
_____

黄色 노란색

chuáng
_____
_____

床 침대

 **ueng**

wèng
_____
_____

瓮 항아리

wēng
_____
_____

翁 노인

암호를 풀어 빈칸에 쓴 후 해당하는 그림과 연결하세요.

ch
+ uáng
- g

h
+ ueng
- eng
+ áng
+ sè

wēng
- ēng
+ èng

ch
+ uā
- ā
+áng

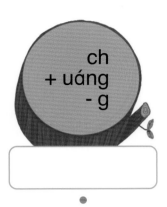

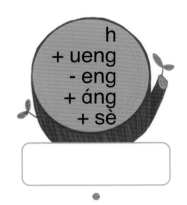

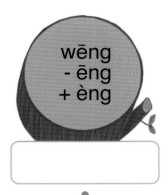

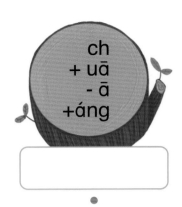

uán
- u
+ w
- án
+ ān

ueng
+ wēng
- ueng

ch
+ ūan
+ t
- a
+ iān

l
+ úen
+ zi
- e

shuō 중국어로 말해요. 🎧 35

小猫在床上，
Xiǎo māo zài chuáng shang,

작은 고양이는 침대 위에 있어요,

大猫在床下。
dà māo zài chuáng xià.

큰 고양이는 침대 밑에 있어요.

※ '床上(chuáng shang)'처럼 장소 뒤에서 방위를 나타낼 때는 보통 경성으로 읽어요.

在 zài ~에 있다
上 shàng 위
下 xià 아래

작은 배 (chuán) 를 만들어요.
완성된 배를 그림 위에 붙여 보세요.

만드는 방법 ■ 준비물 : 색종이, 풀

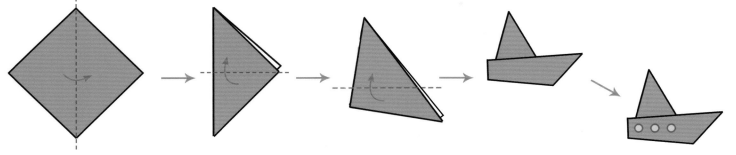

① 점선을 따라 접는다.　② 다시 반으로 접는다.　③ 점선처럼 접어 올린다.　④ 풀로 고정시킨다.　⑤ 자유롭게 꾸며서 완성!

※하나의 색종이로 큰 배를 만들고, 색종이를 4등분해서 작은 배도 만듭니다.
　바다 위에 크고 작은 배를 붙이고 중국어로 말해 보세요. 예 (dà) chuán, (xiǎo) chuán

 36

Chūntiān

Chūntiān zài nǎli,   봄은 어디에 있나요?

chūntiān zài nǐ de yǎnjing li.   봄은 너의 눈 속에 있지.

Chūntiān zài nǎli,   봄은 어디에 있나요?

chūntiān zài wǒmen de yǎnjing li.   봄은 우리들 눈 속에 있지.

1 주어진 단어를 퍼즐 칸에서 찾아 아래 그림에 알맞은 단어를 써 보세요.
(퍼즐 칸에서 찾을 때는 성조는 무시하고, 찾아 쓸 때는 성조까지 표기합니다.)

s	h	u	a	n	d	l	c
sh	h	u	a	ng	s	e	h
c	a	u	l	u	sh	n	ü
h	ch	i	u	g	w	z	m
c	ch	u	n	t	i	a	n
l	w	a	z	h	e	z	n
h	u	a	i	w	e	n	a
h	n	o	ch	u	a	ng	g

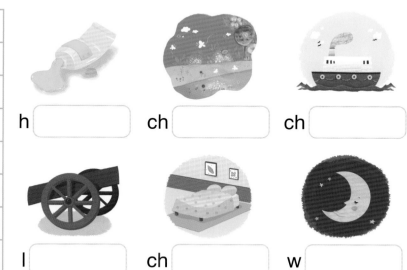

h [   ]   ch [   ]   ch [   ]

l [   ]   ch [   ]   w [   ]

2 그림의 단어를 찾아 동그라미 하세요.

❶ cunxiàchechánlengwēnguen

❷ shicawolendàxǎyulúnziretiān

❸ cuǎndamouwēwochuǎnzu

3 잘 듣고 알맞은 성조를 표기해 보세요. 🎧 37

❶ chuan
lunzi

❷ weng
weng

❸ chuntian
huangse

이 과에서는 운모 'üe üan ün er'을 배웁니다. 정확한 발음과 글자를 익혀 보세요. 38

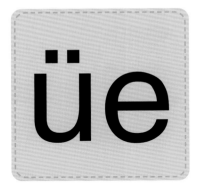

xuě

눈

우리말의 '위에'처럼 발음해요. '위에' 하고 소리낼 때 '에'를 길게 발음합니다.

※ 'j, q, x, y' 네 개의 성모 뒤에 오는 'ü'는 점 2개를 떼고 'u'로 표기해야 해요. 단, 발음은 그대로 'ü'로 해야 합니다.

üē üé üě üè

yīyuàn

병원

우리말의 '위엔'처럼 발음해요. '위엔' 하고 발음할 때 '엔'을 길게 발음합니다.

üān üán üǎn üàn

qúnzi
치마

우리말의 '윈'처럼 발음해요. 입술은 움직이지 않고 '윈' 하고 발음합니다.

ün ún ǔn ùn

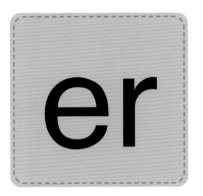

èr
숫자 2

우리말의 '얼'처럼 발음해요. 혀가 입천장에 닿지 않도록 발음합니다.

ēr ér ěr èr

 üe

xuě

_____

_____

雪 눈

yuèliang

_____

_____

月亮 달

 **üan**

yīyuàn

_____

_____

医院 병원

yuán

_____

_____

圆 둥글다

 **ün**

qúnzi

_____

_____

裙子 치마

yùndòng

_____

_____

运动 운동

 er

ěrduo

_____

_____

耳朵 귀

èr

_____

_____

二 숫자 2

그림에 맞는 한어병음을 찾아 동그라미 하고 바르게 써 보세요.

yuěǒowénbenixuěliekabohēni

_____

_____

_____

arijiǎoshouěrduocidōufuěrsan

_____

_____

_____

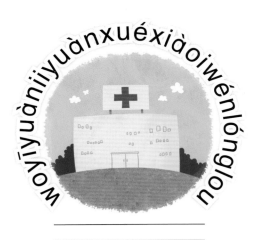

Woyīyuàniiyuànxuéxiàoiwénlónglou

_____

_____

_____

pínziqēnsichènshanxigaibenziqúnzi

_____

_____

_____

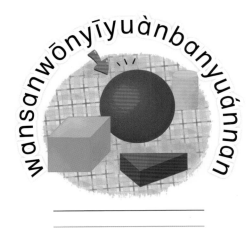

wansanwōnyīyuànbanyuánnan

_____

_____

_____

yiàrsanělcideéyīwoěrqishísam

_____

_____

_____

我想当运动员。

나는 운동선수가 되고 싶어요.

Wǒ xiǎng dāng yùndòngyuán.

想 xiǎng ~하고 싶다

当 dāng ~하다, ~되다

运动员 yùndòngyuán
운동선수

shǒugōng

색종이로 눈꽃을 만들어요.
알록 달록 예쁜 색종이로 xuěhuā 를 만들어서 교실 창문에 붙여 보세요.

만드는 방법 ■ 준비물 : 색종이, 가위

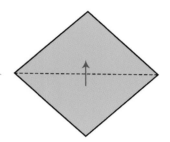

① 색종이를 반으로 접는다.

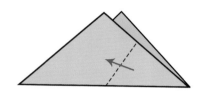

② 정중앙을 기준으로 오른쪽을 접어 올린다.

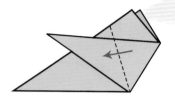

③ 양쪽 모서리끼리 겹치도록 접는다.

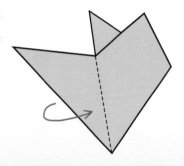

④ 남아있는 왼쪽을 접어 올린다.

⑤ 예쁘게 눈꽃 모양을 그린다.

⑥ 모양을 따라 가위로 오린다.

8

⑦ 펼치면 '눈꽃' 완성!

Tàiyáng yuán

Tàiyáng, tàiyáng, yuán ya yuán,	태양은 둥글고 둥글어요.
yuèliang, yuèliang, wān ya wān,	달님은 굽은 모습이고요.
píngguǒ, píngguǒ, yuán yòu yuán,	사과는 둥글고 둥글어요.
xiāngjiāo, xiāngjiāo, wān yòu wān.	바나나는 굽은 모양이고요.

liànxí 연습문제

1 그림에 맞는 병음 표기를 골라 선으로 연결하세요.

❶  y •

• īyuàn
• īyüàn

❷  q •

• űnzi
• únzi

❸  y •

• ùndòng
• ǜndòng

❹  y •

• uán
• üàn

2 잘 듣고 맞는 단어에 V표 하세요. 🎧 42

❶ | yuè | xuě |

❷ | yuán | yīyuàn |

❸ | yùndòng | yuèliang |

❹ | yuán | yùndòng |

3 그림을 보고 해당하는 병음을 찾아 쓰세요.

yī   dòng   ěr   yùn   liang   duo   yuàn   yuè

❶

❷

❸

❹

_____
_____

놀자

원판을 돌려가며 재미있는 놀이를 해요.

Zhǔnbèi kāishǐ!
자~ 준비하시고 찍어요!

부록에 있는 원판을 오려서 재미있는 놀이를 해 보세요!
압정이나 고정핀으로 원판 가운데를 바닥에 고정한 후,
원판을 돌리고 손가락으로 찍은 단어를 읽어보는 게임입니다.
단어 옆에 있는 점수를 확인하고 자신의 점수와 친구의 점수를
점수판에 적고 총점을 합해 보세요.

점수판

	wǒ (나)	tóngzhuō (짝꿍)
1회		
2회		
3회		
4회		
결승전		
총점		

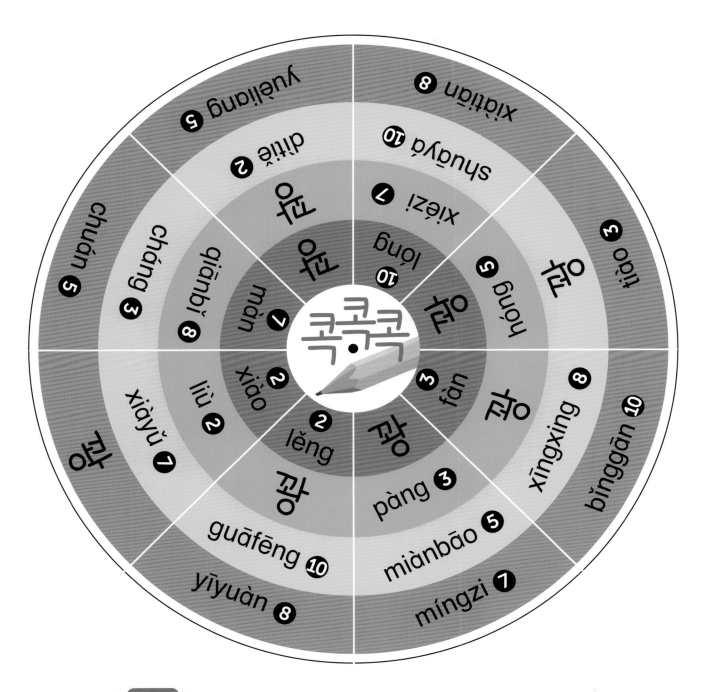

게임 방법

① 눈을 감고 yī, èr, sān(하나, 둘, 셋)을 크게 외친 후, 손으로 원 안의 단어를 콕 찍어요.

② 내가 찍은 단어를 큰 소리로 읽어요.

③ 원 밖으로 나가거나 '꽝'이면 기회는 친구에게 넘어갑니다.

④ 찍은 칸에 있는 점수를 점수판에 적어서 총점을 계산해요.

정답 및 듣기 스크립트

1 ai ei ao ou

 p.9

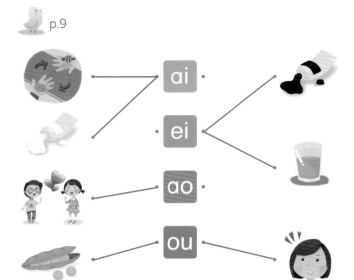

hēi	bái	hǎo	dòu
bēizi	tóu	mǎi	

 p.13

1 ① ao ② ēi ③ óu ④ ǎi

2 ①

3 ① tóu ② hǎo

2 an en in

 p.17

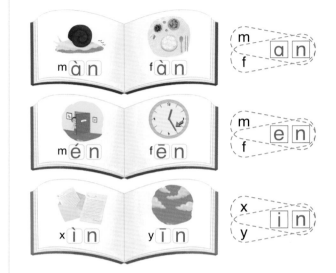

 p.21

1 ① àn ② én ③ īn

2 ① ② ③

3 ① x ìn
② m àn
③ bǐngg ān

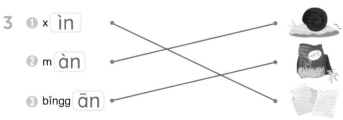

3 ang eng ing ong

p.25

ang pàng cháng
eng fēngzheng lěng
ing xīngxing míngzi
ong hóng lóng

p.29

1

2 ❶ ng / o ❷ á / ó ❸ n / ng

3 ❶ lěng ❷ hóng ❸ míngzi ❹ pàng

4 ia ie iao iu

p.33

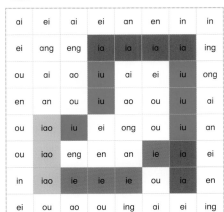

ai	ei	ai	ei	an	en	in	in
ei	ang	eng	ia	ia	ia	ia	ing
ou	ai	ao	iu	ai	ei	iu	ong
en	an	ou	iu	ao	ou	iu	ai
ou	iao	iu	ei	ong	ou	iu	an
ou	iao	eng	en	an	ie	ia	ei
in	iao	ie	ie	ie	ou	ia	en
ei	ou	ao	ou	ing	ai	ei	ing

xiézi

p.37

1

❶ xiézi ❷ zúqiú ❸ xiàtiān ❹ tiào

2 ❶ ié ❷ iù ❸ ià

3 ❶ ià ❷ iào

5 ian iang iong

p.41

w	m	n	c	d	p	d	j
a	i	i	o	a	e	i	i
a	n	a	j	a	x	k	a	n
h	c	d	i	n	u	n	n
p	q	i	a	n	b	i	d
i	ng	n	x	x	d	a	a
x	i	a	ng	p	i	u	o
i	c	d	j	m	r	a	n
o	j	n	u	x	i	o	ng

코끼리 d à x i à ng
연필 q i ā n b ǐ
곰 x i ó ng
지우개 x i à ng p í
빵 m i à n b ā o
가위 j i ǎ n d ā o

부록

p.45

1 ① qiān bǐ ② miàn bāo xiàng pí dà xiàng

2 ① āo ② ióng ③ iàng

3 ①

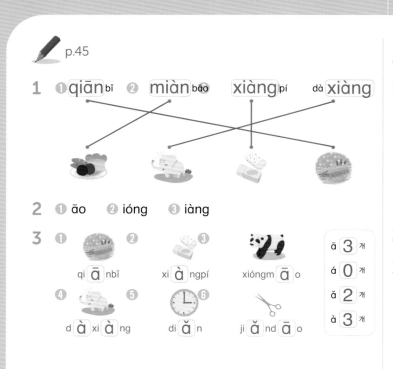

qi ā nbǐ ② xi à ngpí ③ xióngm ā o

④ d à xi à ng ⑤ di ǎ n ⑥ ji ǎ nd ā o

ā	3	개
á	0	개
ǎ	2	개
à	3	개

p.53

1 ① sh uā yá ② h uǒ chē ③ d uō ④ qìsh uǐ

2 ① shuaya ② huǒche ③ guafeng

3 ① ⓐ **wàibian** wèibian ② shǔguǒ **shuǐguǒ**

바깥   과일

③ **duō** dōu ④ quài **kuài**

많다   빠르다

6 ua uo uai ui

p.49

shuǐguǒ   huǒchē   shuāyá   wàibian

7 uan un uang ueng

p.57

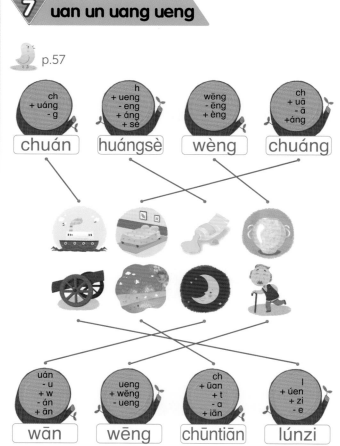

ch + uáng - g → chuán

h + ueng - eng + áng + sè → huángsè

wēng - ēng + èng → wèng

ch + uā - ā + áng → chuáng

uán - u + w - án + ān → wān

ueng + wēng - ueng → wēng

ch + ūan + t - a + iān → chūntiān

l + úen + zi - e → lúnzi

✏ p.61

1

s	h	u	a	n	d	l	c
sh	h	u	a	ng	s	e	h
c	a	u	l	u	sh	n	ü
h	ch	i	u	g	w	z	m
c	ch	u	n	t	i	a	n
l	w	a	z	h	e	z	n
h	u	a	i	w	e	n	a
h	n	o	ch	u	a	ng	g

① h [uángsè] ② ch [ūntiān] ③ ch [uán]

④ l [únzi] ⑤ ch [uáng] ⑥ w [ān]

2

① cunxiàchechánlengwēnguen
② shicawolendàxǎyùnzìetiān
③ cuándamouwēwochuǎnzu

3

① ´ chuan ② ¯ weng ③ ¯ ¯ chuntian

① ´ lunzi ② ` weng ③ ´ ´ huangse

---

8 üe üan ün er

🐤 p.65

yueǎowénben (xuě) iekabohēni

arjiǎoshou(ěrduo)cidōufuěrsan

wa(fīyuàn)jiyuànxuéxiàoiwénlónglou

pinziqǐěnsichènshanxigaibenz(qūnzi)

wansanwōnyīyuànbar(yuǎn)han

yiàrsanělcideéyīwa(ěrhi)shísam

✏ p.69

1
① y — īyuàn / īyuàn
② q — ǔnzi / únzi
③ y — ùndòng / ùndòng
④ y — uán / üàn

2
① yuè (xuě) ② yuán (yīyuàn)
③ yùndòng (yuèliang) ④ yuán (yùndòng)

3 ① ěrduo ② yùndòng ③ yuèliang ④ yīyuàn

부록

1 ③　　2 ①　　3 ③　　4 ③

6 ④　　7 ③　　8 ④　　9 ③

10 ①　　11 ④　　12 ②　　13 ④

14 ④　　15 ③　　16 ①　　17 ④

18 ①　　19 tiān　　20 귀

5

xiàtiān

dìtiě

huǒchē

bēizi

듣기 스크립트

1과 p.13

1 ❶ pútao(葡萄)　❷ bēizi(杯子)　❸ tóu(头)　❹ mǎi(买)

2 ❶ hēi(黑)　❷ dòu(豆)

2과 p.21

2 ❶ lánsè(蓝色)　❷ mén(门)　❸ xìn(信)　❹ fàn(饭)

3과 p.29

1 ❶ lěng(冷)　❷ pàng(胖)　❸ lóng(龙)　❹ míngzi(名字)

4과 p.37

2 ❶ xiézi(鞋子)　❷ liù(六)　❸ xiàtiān(夏天)

5과 p.45

1 ❶ qiānbǐ(铅笔)　❷ miànbāo(面包)　❸ xiàngpí(橡皮)　❹ dàxiàng(大象)

6과 p.53

1 ❶ shuāyá(刷牙)　❷ huǒchē(火车)　❸ duō(多)　❹ qìshuǐ(汽水)

2 ❶ shuāyá(刷牙)　❷ huǒchē(火车)　❸ guāfēng(刮风)

7과 p.61

3 ❶ chuán(船), lúnzi(轮子)　❷ wēng(翁), wèng(瓮)　❸ chūntiān(春天), huángsè(黄色)

8과 p.69

2 ❶ xuě(雪)　❷ yīyuàn(医院)　❸ yuèliang(月亮)　❹ yùndòng(运动)

색인

<뽀포모포 어린이 중국어 발음 2>에는 모두 96개의 단어가 나왔습니다. 얼마나 알고 있는지 확인해 보세요.

부록

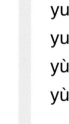

신한미

부산대학교 중어중문학과 졸업

북경 현지 어학 연수 (北京广播学院对外汉语教学中心)

문화관광부 '관광통역지원센터 중국어 교육과정' 이수

연세대학교 평생교육원 '한자지도자 과정' 수료

초·중등 방과후 및 정규 수업 10년

(전) 서울 교육청 '꿀맛닷컴' 초·중등 중국어 교과 상담

　　　서울 예일초등학교 중국어 교과 전담

(현) 쑥쑥닷컴 '중국어 게시판' 및 '친구들아 중국어랑 노올자' 칼럼 연재

저서　뽀포모포 어린이 중국어 발음 1 · 2 (제이플러스)

　　　뽀포모포 어린이 중국어 단어 1 · 2 (제이플러스)

　　　뽀포모포 어린이 중국어 말하기 1 · 2 · 3 · 4 (제이플러스)

개정판　2025년 4월 25일

　　저자　신한미
　발행인　이기선
　발행처　제이플러스
　　삽화　문채빈
등록번호　제10-1680호
등록일자　1998년 12월 9일

　　주소　경기도 고양시 덕양구 향동로 217 KA1312
구입문의　02-332-8320
내용문의　070-4734-6248
　　팩스　02-332-8321
홈페이지　www.jplus114.com
　　ISBN　979-11-5601-266-5

값 17,500원 (음원QR포함)

------ 접는 선
——— 오리는 선

만들기
1과 p.11

뽀포모포
어린이
중국어
발음2

- - - - - - - 접는 선
————— 오리는 선

뽀포모포
어린이
중국어
발음2

만들기
2과 p.19

토끼모양을
칼로 오려내세요.

Ni hǎo!

뽀 포 모 포
어린이
중국어
발음2

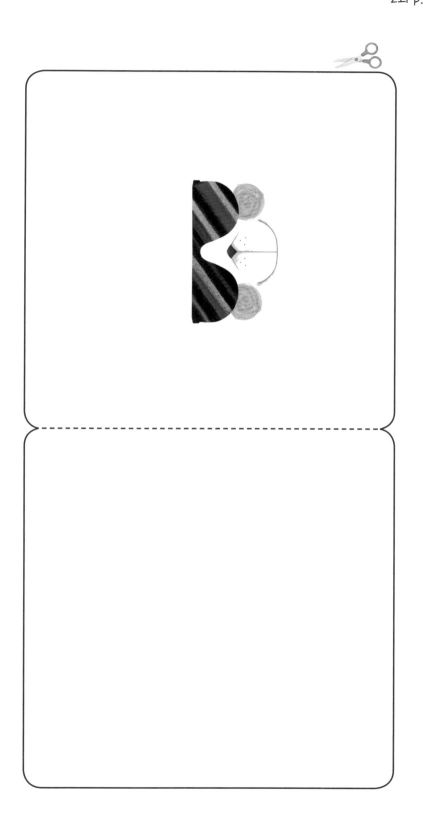

- - - - - - 접는 선
───── 오리는 선

뽀 포 모 포
어린이
중국어
발음2

만들기
3과 p.27

풀칠하는 곳

풀칠하는 곳

풀칠하는 곳

풀칠하는 곳

풀칠하는 곳

풀칠하는 곳

J PLUS

3

만들기

4과 p.35

5과 p.43

- - - - - - - 접는 선

─────── 오리는 선

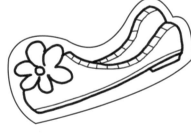

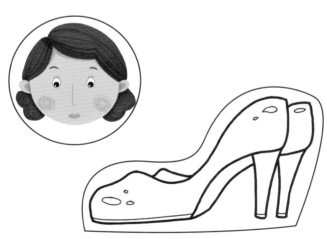

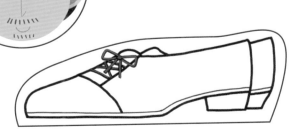

뽀 포 모 포
어린이
중국어
발음2

만들기
놀자 p.70

------- 접는 선
——— 오리는 선

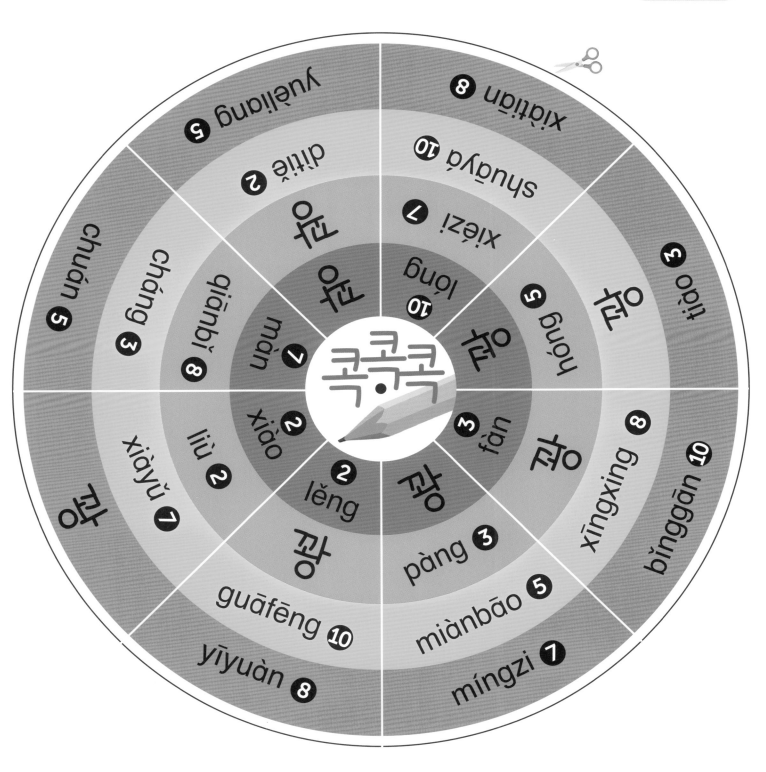